LES
ROCQVENTINS
DE LA COVR.

LES ROCQVENTINS
de la Cour.

1

QVe nous sert-il d'estre sages
Et garder nos pucelages,
Puisque qu'on ne peut esuiter
D'estre aux Roquantins chantez.

2

On void au clair de la Lune
Madame de Seue la brune,
Attendre vn Comte, ou son Page,
Qui sont faits au badinage.

3

La Sargy fait la deuote :
Mais elle leue sa cotte
Au Cardinal Berrulois
Qui luy en a coulé trois doigts.

4

La Sargy aymant le vice
Fait vn fort gentil Nouice

En l'an de Probation :
Eſtant en Religion.

5

Ie ne ſçay
Le Cardinal de Berulle
Approuue auec honneur
qu'on trahy ſon bien-faicteur.

6

La de Meſme fait bien la paſmée,
Et a la fante ſi puante,
que Maurice ſon Cocher
Ne la veut plus cheuaucher.

7

Et la petite Bironne
Ne refuſe à perſonne,
Si vous voulez vn gallant
Prenez monſieur Morent.

8

La Baſompierre par la ville
Paſſe pour la plus habille
D'auoir par ſes yeux ſi beaux

Logé le petit Philippeaux.

9

Et on void deſſus la brune
Trois gallants qui portent plume,
Entrer chez la Tigery
Au deſçeu de ſon mary,

10

Ceſte petite mignongne
Ne ſçauroit plairre à perſonne,
Les ladres n'en veulent point,
I'en prend Sourdy à teſmoing.

11

Auguſtin vient d'Eſpagne
Sans argent ny ſans piſtagne,
A trouué pour reconfort
De la Fougue le prefort.

12

Marillac en ſouuenance
De ſon extreme vaillance,
Quand Tadon fut attaqué,
Donna comme au pont de Scé.

6

Le doux plaifir de la vie
que l'on appelle fodomie
L'Archeuefque de Bordeaux
En fait des efcrits nouueaux.

13

Ie ne void rien dans l'Hiftoire
qui foit digne de memoire,
Comme eft le grand trauail
Du genereux Cardinal.

14

Madame quittez vos herres,
Vos liures & vos Prieres,
Car la pauure d'Atichy
N'efpere point de mary.

15

La Neufuy fait bien la fage
Pour auoir le pucelage,
De toutes les filles qu'elle void
Auec le bout de fon doigt.

16

La Maugeron eft bien plaifante

Elle monftre bien fa fente
A tous allans & venans
A Meffieurs fes parents.

17

La Maifon-Fort eft tres-belle :
Mais elle n'eft point cruelle ,
Sa conduitte & foin deftin
L'a fait mettre aux Rocquentins.

18

Du Vigean eft en cholere
Dequoy on luy fait la guerre,
qu'il a fait plus de cocus
Que Beaumarchais n'a d'efcus.

19

C'eft le Cadet de Lorraine
qui loge à l'Hotel du Mayne
Et il n'a pas fe dit-t'on,
Tous les iours plus d'vn tefton.

20

De Guymené la Princeffe
Qui n'ayme point les careffes,

Du Comte de Soiſſons,
Par ce qu'il n'eſt qu'vn oyſon.

21

Il y à vne Princeſſe
Qui courre de viteſſe,
Auec ſon bilboquet,
Chez le General Coquet.

22

Sous-carriere a eu la honte
Dedans la Chambre des Comptes,
De n'eſtre faict Cheualier,
Ny fils du grand Eſcuier.

23

La Marchande quand tu ſommeilles
Bien ſouuent tu me reſueilles,
Car tu donne de l'amour,
Pluſtot la nuict que le iour.

24

N'auez vous point veu Rocquentine
Qui a ſi mauuaiſe mine,
On dit qu'elle eſt larronneſſe,

Et de plus squinolette.

25

Ou va ceste vielle folle
Demander deux cens pistolles,
A deux ou trois ieunes drolles,
qui souuent n'ont pas l'obolle.

26

La Samsonne gallande & belle
A chez elle vne Chappelle,
qui distille nuict & iour,
La pure essence d'amour.

27

Pour la petite Cormeille
Seroit deuenu corneille,
Si son sublimé vilain,
Ne luy blanchissoit le teint.

28

C'est de Beuuron la Marquise
Qui porte soubs sa chemise,
Vn bon con de bonne grace,
C'est pour le comte de Carse.

Ie ne void rien d'aggreable
De parfaict ny dadmirable,
Dedans le sejour Diuin,
que la petite Dauphin.

30

Belle est parfaicte Elize
Permets moi de t'adorer,
Ou ie prendray pour deuise,
Plus tost mourir que changer.

31

Tigery Abbé de Chappes
Garde bien qu'il ne t'eschappes,
Si Coignac va chez toy,
Marillac sçait bien pourquoy.

32

La belle & chaste Diane
Ne reçoit rien de profane,
Pour estre épris de ses yeux,
Faut estre du sang des Dieux.

33

Pour Madame de la Montaigne

II

q̃ue la vertu accompagne,
Ces Charmes sont si plaisants,
qu'ils rauissent tous nos sens.

34

Belle & parfaicte la Causte
Vos attraits s'en vont en poste,
Consolez-vous, car ie pretends,
quils reuiendront au Printemps.

35

Pour la dame Isabelle
Est aussi chaste que belle,
A faict n'aistre des desirs,
qui se passent en souspirs.

36

Se Ministre frenetique
Se borgne mélancolique,
Cheualier de Monseigneur,
A faire sa garce d'honneur.

37

Son Cocqu l'en veut distraire
Et luy dit laisse moy faire,

Car tu seras mon pellé,
chambellan comme voullez.

38

Cheualier de Bragelone
Ta femme à l'espreuue donne,
Mais on dit que le Cogneux,
La gouuerne comme il veut.

39

Pour le petit d'Amboise
Fait l'amour aux Bourgeoises :
Car pour les autres Dames
Vous estes trop infames.

40

Pardonne à la Ieunesse
Qui te donna sur la fesse,
C'est que ce ieune follastre
Ne sçauoit à quoy s'esbattre.

41

. Charlotte fait bien la fine,
Mais Sous-carriere m'a dict
Que tu auois bonne mine

Toute nuë dedans le lict.

42

La Duchesse a l'amarrie
Et si elle est assouuie,
Il faudroit pour la guerir
L'approcher des Fleurs de Lys.

43

Le Comte de la Pallisse
Se plaist bien aux exercices
De la Cour & aux Palais
Aussi bien que ses lacquais.

44

La Gaste est bien faschée
De n'estre plus visitée
D'vn qui se nomme Lamy
Qui luy prestoit son outil.

45

La Gachere est bien faschée
Pource qu'elle n'est plus visitée
De Boyer qui est son voysin.
Qui luy prestoit son engin.

FIN.